MW00466282

This Recipe Book Belongs to...

Table of Contents

Table of Contents

Recipe

Page

Table of Contents

Recipe	Page

Directions

Recipe ....

Source ....

Ingredients

Special Notes...

Directions

Recipe ....

Source ....

Ingredients

....

....

....

....

....

....

....

....

....

....

....

....

....

Special Notes...

....

....

....

....

Directions

Recipe ....

Source ....

Ingredients

....
....
....
....
....
....
....
....
....
....
....
....
....

Special Notes...

....
....
....
....

Directions

Recipe ....

Source ....

Ingredients

....

....

....

....

....

....

....

....

....

....

....

....

....

Special Notes...

....

....

....

....

Directions

Recipe ....

Source ....

Ingredients

....

....

....

....

....

....

....

....

....

....

....

....

....

Special Notes...

....

....

....

....

Directions

Recipe ....

Source ....

Ingredients

....

....

....

....

....

....

....

....

....

....

....

....

....

Special Notes...

....

....

....

....

Directions

Recipe ....

Source ....

Ingredients

....

....

....

....

....

....

....

....

....

....

....

....

....

....

Special Notes...

....

....

....

....

Directions

Recipe ....

Source ....

Ingredients

....

....

....

....

....

....

....

....

....

....

....

....

Special Notes...

....

....

....

....

Directions

Recipe ....

Source ....

Ingredients

....

....

....

....

....

....

....

....

....

....

....

....

....

Special Notes...

....

....

....

....

Directions

Recipe ....

Source ....

Ingredients

....

....

....

....

....

....

....

....

....

....

....

....

Special Notes...

....

....

....

....

Directions

Recipe ....

Source ....

Ingredients

....

....

....

....

....

....

....

....

....

....

....

....

....

Special Notes...

....

....

....

....

Directions

Recipe ....

Source ....

Ingredients

....

....

....

....

....

....

....

....

....

....

....

....

Special Notes...

....

....

....

....

Directions

Recipe ....

Source ....

Ingredients

....

....

....

....

....

....

....

....

....

....

....

....

....

Special Notes...

....

....

....

....

Directions

Recipe ....

Source ....

Ingredients

....

....

....

....

....

....

....

....

....

....

....

Special Notes...

....

....

....

....

Directions

Recipe ....

Source ....

Ingredients

_____

_____

_____

_____

_____

_____

_____

_____

_____

_____

_____

_____

Special Notes...

_____

_____

_____

_____

Directions

Recipe ....

Source ....

Ingredients

....

....

....

....

....

....

....

....

....

....

....

....

Special Notes...

....

....

....

....

Directions

Recipe ....

Source ....

Ingredients

....

....

....

....

....

....

....

....

....

....

....

....

....

Special Notes...

....

....

....

....

Directions

Recipe ....

Source ....

Ingredients

Special Notes...

Directions

Recipe ....

Source ....

Ingredients

....

....

....

....

....

....

....

....

....

....

....

....

....

Special Notes...

....

....

....

....

Directions

Recipe ....

Source ....

Ingredients

....

....

....

....

....

....

....

....

....

....

....

....

....

Special Notes...

....

....

....

....

Directions

Recipe ....

Source ....

Ingredients

....

....

....

....

....

....

....

....

....

....

....

....

....

Special Notes...

....

....

....

....

Directions

Recipe ....

Source ....

Ingredients

Special Notes...

Directions

Recipe ....

Source ....

Ingredients

Special Notes...

Directions

Recipe ....

Source ....

Ingredients

Special Notes...

Directions

Recipe ....

Source ....

Ingredients

....

....

....

....

....

....

....

....

....

....

....

Special Notes...

....

....

....

....

Directions

Recipe ....

Source ....

Ingredients

....

....

....

....

....

....

....

....

....

....

Special Notes...

....

....

....

....

Directions

Recipe ....

Source ....

Ingredients

....

....

....

....

....

....

....

....

....

....

....

....

Special Notes...

....

....

....

....

Directions

Recipe ....

Source ....

Ingredients

....

....

....

....

....

....

....

....

....

....

....

....

Special Notes...

....

....

....

....

Directions

Recipe ....

Source ....

Ingredients

....

....

....

....

....

....

....

....

....

....

....

Special Notes...

....

....

....

....

Directions

Recipe ....

Source ....

Ingredients

Special Notes...

Directions

Recipe ....

Source ....

Ingredients

....

....

....

....

....

....

....

....

....

....

....

....

Special Notes...

....

....

....

....

Directions

Recipe ....

Source ....

Ingredients

....

....

....

....

....

....

....

....

....

....

....

....

....

Special Notes...

....

....

....

....

Directions

Recipe ....

Source ....

Ingredients

....

....

....

....

....

....

....

....

....

....

....

Special Notes...

....

....

....

....

Directions

Recipe ....

Source ....

Ingredients

Special Notes...

Directions

Recipe ....

Source ....

Ingredients

....

....

....

....

....

....

....

....

....

....

....

....

Special Notes...

....

....

....

....

Directions

Recipe ....

Source ....

Ingredients

....

....

....

....

....

....

....

....

....

....

....

Special Notes...

....

....

....

....

Directions

Recipe ....

Source ....

Ingredients

....

....

....

....

....

....

....

....

....

....

....

Special Notes...

....

....

....

Directions

Recipe ....

Source ....

Ingredients

....

....

....

....

....

....

....

....

....

....

....

Special Notes...

....

....

....

....

Directions

Recipe ....

Source ....

Ingredients

....

....

....

....

....

....

....

....

....

....

Special Notes...

....

....

....

....

Directions

Recipe ....

Source ....

Ingredients

....

....

....

....

....

....

....

....

....

....

....

Special Notes...

....

....

....

....

Directions

Recipe ....

Source ....

Ingredients

....

....

....

....

....

....

....

....

....

....

....

Special Notes...

....

....

....

....

Directions

Recipe ....

Source ....

Ingredients

....

....

....

....

....

....

....

....

....

....

....

Special Notes...

....

....

....

....

Directions

Recipe ....

Source ....

Ingredients

....

....

....

....

....

....

....

....

....

....

....

....

Special Notes...

....

....

....

....

Directions

Recipe ....

Source ....

Ingredients

....

....

....

....

....

....

....

....

....

....

....

Special Notes...

....

....

....

....

Directions

Recipe ....

Source ....

Ingredients

....

....

....

....

....

....

....

....

....

....

....

Special Notes...

....

....

....

....

Directions

Recipe ....

Source ....

Ingredients

....

....

....

....

....

....

....

....

....

....

....

Special Notes...

....

....

....

....

Directions

Recipe ....

Source ....

Ingredients

....

....

....

....

....

....

....

....

....

....

....

Special Notes...

....

....

....

....

Directions

Recipe

Source

Ingredients

Special Notes...

Directions

Recipe ....

Source ....

Ingredients

....

....

....

....

....

....

....

....

....

....

....

....

Special Notes...

....

....

....

....

Directions

Recipe ....

Source ....

Ingredients

....

....

....

....

....

....

....

....

....

....

....

Special Notes...

....

....

....

....

Directions

Published in 2017 by
Tri-Moon Press

All rights reserved. No part of this publication may be
reproduced or transmitted in any form or by any means,
electronic, or mechanical, including photocopy, recording or any information
storage system and retrieval system without
permission in writing by Publisher Tri-Moon Press.

Printed in the United States of America